M. LE COMTE MOLÉ.

> Molé, ce beau nom de la magistrature, caractère appelé probablement à jouer un rôle dans les ministères futurs.
>
> NAPOLÉON. — *Mémorial de Sainte-Hélène.*

> A côté de l'avantage d'innover, il y a le danger de détruire.
>
> MOLÉ.

En matière de dogme politique comme en matière de foi religieuse, on peut diviser les hommes en trois classes : il y a les croyants sincères et désintéressés, dont le nombre est fort restreint ; il y a les indifférents, dont le nombre est grand ; puis enfin il y a les faux dévots, dont le nombre est immense. Quant aux athées, bien qu'ils existent en politique, ils ne s'avouent pas et se rangent nécessairement dans la deuxième ou la troisième catégorie.

Je n'ai rien à dire ici des dogmatistes sincères ; quel que soit le dogme qu'ils professent, leurs croyances sont respectables par la seule raison que ce sont des croyances. Pour ceux qui, dans tel ou tel intérêt mesquin, se font les apôtres fougueux d'une religion qu'ils n'ont pas dans le cœur, ceux-là, je n'ai pas à en parler non plus, d'autant qu'il s'agit dans cette notice d'un homme ennemi né du dogmatisme et des systèmes, d'un homme dont tout le symbole politique peut se réduire à peu près à ceci : « Ce qui est a suffisante raison d'être, puisque cela est, et le gouvernement qui dure le plus est le meilleur des gouvernements. »

M. le comte Molé est le représentant le plus rationnel, le plus modéré, le plus élevé de cette association d'hommes politiques dont M. de Talleyrand a été longtemps le chef le plus habile et le moins scrupuleux. Ne vous pressez pas trop, vous qui croyez ou feignez de croire, ne vous pressez pas trop de jeter la pierre à ces hommes qui ont tour à tour servi tous les gouvernements parce qu'ils étaient des gouvernements. N'oubliez pas que ce ne sont pas eux qui ont fait les situations, mais bien les situations qui les ont faits. M. Royer-Collard a dit à ce sujet une parole profondément triste, mais profondément vraie :

ou à Paris, qu'il fût captif sur la terre étrangère, comme saint Louis, Jean II, ou François Ier, le roi, c'était le droit. Quiconque attaquait le roi attaquait l'État, attaquait le droit, et son nom passait à la postérité entaché de félonie, qu'il s'appelât Marcel, prévôt des marchands, le connétable de Bourbon, ou Biron. En ce temps-là, on assassinait les rois, mais on ne les jugeait pas, on ne les déposait pas, on ne les niait pas. Ce dogme de la légitimité, après avoir glorieusement fait son temps, est mort sur l'échafaud avec Louis XVI; vainement depuis on a essayé de le galvaniser : l'expérience a prouvé qu'il était bien mort. Mais, comme les nations ne sauraient se passer longtemps de foi politique, un dogme nouveau n'a pas tardé à s'établir sur les ruines du premier. Le jour où la royauté a été dépouillée de ce caractère sacré qui la faisait découler de Dieu et d'elle-même, la souveraineté a dû passer aux mains du peuple, et c'est ici qu'a commencé la confusion. Le peuple étant un être collectif, composé d'individualités dont la plus grande partie est incapable de concevoir en politique une volonté propre et motivée, les ambitions et les interprétations

individuelles ont surgi de toutes parts ; chacun
a fait parler le peuple à sa guise, et durant une
orageuse période, au moment où ce même peuple se montrait grand de générosité et d'héroïsme
sous les drapeaux, il se commettait en son nom
les actes les plus contradictoires, les plus tyran-
niques, les plus stupides, les plus atroces qui se
puissent imaginer. Alors la société n'était plus
qu'une immense et sanglante arène où il fallait,
suivant l'expression de Danton, *être guillotineur
ou guillotiné;* alors ce qui était hier une vertu
devenait un crime ; le triomphateur de la veille
était le proscrit du lendemain ; alors enfin, pour
me servir d'un mot énergique de M. de Lamartine, le Panthéon servait de chemin à l'égoût.

Maintenant est-il bien étonnant qu'au milieu
de ces victoires rapides et éphémères de la force,
toutes légitimées à l'aide du dogme élastique de
la souveraineté du peuple, il se soit trouvé des
hommes tenant au passé par la naissance, mais
assez intelligents pour comprendre que les siècles
ne remontent pas vers leur source ; des hommes
ennemis par caractère du sang et de la violence,
qui, ne trouvant dans tout ce qu'ils voyaient rien

qui ressemblât à un principe, ont fait bon marché des principes en eux-mêmes pour ne s'attacher qu'à normaliser les faits en leur donnant les allures régulières et paisibles d'un droit? Pendant tout le cours de nos commotions politiques, partout où surgit une idée de stabilité et d'ordre, vous voyez ces hommes qui courent à elle et l'embrassent. Tant que cette idée reste dans des conditions logiques d'accroissement et de puissance, ces hommes lui appartiennent corps et âme; le jour où elle abuse d'elle-même, ils s'en éloignent peu à peu, et leur retraite est le premier signal de sa ruine. A qui faut-il s'en prendre? Il me semble que c'est à l'idée bien plus qu'aux hommes.

Sans doute il est fâcheux pour la morale d'un peuple qu'en l'absence d'une foi politique universellement acceptée, on se trouve obligé de le gouverner avec des intérêts bien plutôt qu'avec des principes; mais cet état transitoire d'indifférence ou de conflit en matière de dogme n'est, après tout, que le résultat de nos déchirements de cinquante ans. Les révolutions grandissent quelquefois les peuples, mais elles les usent à la longue, et malheur aux nations chez lesquelles ces périodes de surexcitation violente se reproduisent trop souvent !

Cela dit, je passe à l'historique de la vie de M. Molé.

En 1794, aux jours les plus sombres de la Terreur, il y avait une noble et malheureuse famille qui se cachait dans une pauvre mansarde de la rue du Bac. Cette famille se composait d'une femme très-âgée, de sa fille, de sa petite-fille et d'un enfant de quatorze ans. Cet enfant, avec cette précocité de raison que donne l'infortune, était devenu la Providence de sa famille ; c'était lui qui sortait mystérieusement à la tombée de la nuit, qui échappait, grâce à sa jeunesse, aux soupçons et aux poursuites, qui s'ingéniait en mille manières pour adoucir les rudes privations auxquelles les siens étaient en proie, et qui ne rentrait jamais sans leur apporter des secours, des consolations et des espérances.

Cet enfant précoce et pieux, c'était M. le comte Molé.

Né en 1780, Louis-Mathieu Molé avait d'abord émigré avec son père, le président Molé de Cham-

plâtreux; rentrés imprudemment en France, tous
deux furent bientôt découverts et incarcérés; le
président porta sa tête sur l'échafaud, et son fils
ne dut la vie qu'à son extrême jeunesse. En vain
on fit à l'enfant d'horribles menaces pour le for-
cer à dévoiler le secret de l'asile de la marquise
de Lamoignon, sa grand'mère, de sa mère et de
sa sœur; le jeune Molé fut inébranlable; on le
rendit à la liberté après une assez longue déten-
tion, et c'est alors qu'oubliant les splendeurs au
milieu desquelles il était né, il débuta courageu-
sement dans la vie avec la confiance qu'une âme
généreuse puise dans l'accomplissement du plus
saint des devoirs.

Bientôt, cependant, il lui faut encore quitter
la France; l'asile où se cachent ses parents n'est
plus un asile sûr; le jeune Molé a été suivi; un
de leurs anciens serviteurs, devenu une puissance
révolutionnaire, leur donne avis des poursuites
dirigées contre eux. Ils fuient; la marquise de
Lamoignon, ne pouvant se résigner à l'exil, se ré-
fugie à Vannes, où elle établit depuis une commu-
nauté dont Napoléon la nomma supérieure. Le
jeune Molé passe en Suisse et de là en Angleterre

avec sa mère, et, après mille tribulations, il rentre en France à la chute de Robespierre. Madame Molé va rejoindre la marquise de Lamoignon à Vannes ; et, à quelque temps de là, nous retrouvons à Paris le dernier descendant des Molé enseveli dans l'étude au fond d'un grenier, se préparant à reconquérir par lui-même la brillante existence que la Révolution lui avait enlevée, suivant librement les cours de l'École Polytechnique, alors École centrale des Travaux publics, et confondu au milieu de toute cette jeunesse avide de savoir, qui se pressait aux leçons de Lagrange, Laplace, Monge, Fourcroy et Berthollet.

Après l'établissement du Consulat, le jeune Molé demande une audience à Bonaparte pour réclamer la restitution de ses biens non vendus ; la belle terre de Champlâtreux était dans ce cas, elle lui fut restituée.

Quelques années plus tard, en 1806, il parut un livre intitulé : *Essais de Morale et de Politique*, auquel M. de Fontanes consacra, dans le *Journal des Débats*, un article fort élogieux. L'empereur lut l'article, demanda le livre, le lut, et, après l'avoir lu, se fit présenter l'auteur ; c'é-

tait encore le jeune Molé. L'empereur le nomma
sur-le-champ auditeur au conseil d'État. Je n'ai
que peu de chose à dire de ce livre souvent reproché au ministre d'une monarchie constitutionnelle. Il est assez facilement écrit; les aperçus
en sont plus brillants que solides, et c'est en
somme une sorte d'apologie du pouvoir absolu.
Ne vous effarouchez pas, bonnes âmes; reportez-
vous aux temps, songez à cette lassitude générale, à cet épuisement qui suit les convulsions
violentes. On était dégoûté de l'instabilité des
pouvoirs publics; on sortait de l'anarchie, et à
toutes les époques l'anarchie a été un achemine-
ment à la tyrannie. Je ne saurais mieux excuser,
sinon justifier, l'auteur des *Essais de Morale et
de Politique* (1), qu'en rappelant qu'à la même
époque un jeune diacre, au fond de la Bretagne,
écrivait son premier livre. Or, ce premier livre
de M. de La Mennais n'est aussi guère autre chose
que la glorification du despotisme.

Du moment où M. Molé fut entré au conseil
d'État, sa fortune marcha rapidement; Napoléon

______

(1) La seconde édition de cet ouvrage est précédée d'une
notice sur Mathieu Molé, par son arrière-petit-fils.

aimait passionnément les grands noms quand ils étaient bien portés. L'urbanité des formes, la sagacité de l'esprit, l'ardeur au travail, tout lui plaisait dans M. Molé. Il le fit successivement maître des requêtes, préfet de Dijon en 1807, conseiller d'État en 1809, directeur général des ponts et chaussées, comte de l'Empire, commandeur de l'ordre de la Réunion. C'est en cette qualité de directeur des ponts et chaussées que M. Molé fut envoyé à Anvers en 1811, à l'époque où le général Bernard dirigeait dans cette ville les travaux de fortification. Ces deux hommes se connurent là, s'apprécièrent, et plus tard M. Molé a noblement payé sa dette d'amitié dans un éloge funèbre où la simplicité et la grâce du style se mêlent à des vues larges, profondes, et à des traits de la plus touchante éloquence. Cette notice sur le général Bernard me paraît, sans flatterie, un véritable chef-d'œuvre du genre.

La faveur de M. Molé auprès de l'empereur allait croissant; il avait à peine trente ans lorsqu'il fut attaché aux travaux mêmes du cabinet. C'est là, dans ce contact de toutes les heures avec l'homme qui tenait encore l'Europe entière

dans sa main, que M. Molé s'initia à cette science
des détails, à ce train des affaires que nul de nos
hommes d'État ne possède mieux que lui. C'étaient
de rudes travailleurs que ces jeunes conseillers
d'État de l'Empire ; on parlait peu dans ce temps-
là, mais on agissait d'autant. Il fallait embrasser
de l'œil le cercle immense d'une administration
gigantesque et compliquée, il fallait être prêt à
tout, sur tout, à propos de tout ; une mission
n'attendait pas l'autre, et d'un mot le maître
vous faisait voyager comme une flèche de l'est à
l'ouest, du midi au nord. Napoléon se séparait
difficilement de M. Molé. « Molé, disait-il sou-
« vent en parlant de lui, esprit solide, ministre
« monarchique, plus occupé du fond que des
« formes. »

Après la retraite de M. Regnier, duc de Massa,
M. Molé fut nommé grand-juge ministre de la
justice en 1813. On lui a reproché à bon droit
quelques discours d'une flagornerie au moins in-
tempestive à cette époque. Ainsi, après la désas-
treuse campagne de Russie, il venait à la tribune
du Corps législatif dérouler en belles périodes les
splendeurs de la France, et s'écriait : « Si un

« homme du siècle de Médicis ou de Louis XIV
« revenait sur la terre, et qu'à la vue de tant de
« merveilles il demandât combien de règnes glo-
« rieux, de siècles de paix, il a fallu pour les pro-
« duire, vous répondriez qu'il a suffi de douze
« années de guerre et d'un seul homme. » Ail-
leurs, lorsque Napoléon se mit en tête de dépouil-
ler le Corps législatif du dernier droit qui lui res-
tait, celui de présenter au choix de l'empereur
les candidats à la présidence, M. Molé se trouve
là à point pour soutenir et justifier cette mesure
arbitraire, par des raisons de formes, d'usage
de palais et d'étiquette. Je conviens volontiers
que tout cela n'est pas merveilleux d'indépendance ; mais où étaient donc les indépendants
alors ? Il en est jusqu'à quatre ou cinq que l'on
pourrait citer ; hors de là tout le monde jouait
de l'encensoir, et nos tribuns d'aujourd'hui comme
tout le monde.

Aux jours des revers, les choses changèrent
de face : les Démosthènes et les Caton surgirent
de toutes parts ; chacun voulut donner son coup
de pied à l'idole qu'il adorait la veille. La conduite de M. Molé fut convenable ; après avoir

accompagné Marie-Louise à Blois, en qualité de ministre de la justice, il se tint à l'écart sous la première Restauration. Toutefois je dois dire qu'il signa, en qualité de membre du conseil municipal de la Seine, une adresse très-virulente contre l'empereur, présentée à Louis XVIII quelque temps avant le 20 mars. Aux Cent-Jours Napoléon tenta vainement de faire accepter à M. Molé un portefeuille ; il reprit simplement sa place de directeur des ponts et chaussées, et refusa de signer la déclaration du conseil d'État, du 25 mai, qui séparait la France des Bourbons. Un biographe (1) avance, sans accompagner cette assertion au moins étrange d'aucune espèce de preuve, que, Napoléon lui ayant vivement reproché ce refus, il se serait excusé en disant « qu'il n'avait pu « consentir à signer une Adresse dans laquelle on « disait que Napoléon tenait sa couronne du vœu « et du choix des Français, que c'était là un blas- « phème politique dont il n'avait pas cru devoir « se rendre coupable. » Or, notez qu'à son retour de l'île d'Elbe Napoléon proférait bien haut lui-même ce blasphème politique ; d'où il suit que

(1) Rabbe et Boisjelin.

cette grosse absurdité prêtée à M. Molé me paraît au moins apocryphe. M. Molé était aux eaux de Plombières quand Napoléon, malgré ses réfus, le nomma membre de la Chambre des Pairs ; il écrivit pour s'excuser de siéger sous prétexte de maladie, et après Waterloo Louis XVIII le maintint dans son poste de directeur des ponts et chaussées, le rappela au conseil d'État, et le nomma à son tour membre de la Chambre des Pairs.

Jusqu'ici nous avons vu M. Molé quelquefois courtisan ; qui ne l'était pas alors ? mais constamment étranger à tous ces actes de violence auxquels des conseillers rancuneux poussaient quelquefois l'empereur, qui n'y était déjà que trop porté par caractère. M. Molé avait beaucoup souffert sous la République ; il eût pu avoir aussi bien des haines à assouvir. Mais le propre des hommes de cette trempe est d'envisager les faits sous un certain point de vue pratique qui exclut aussi bien l'ardeur des croyances que l'ardeur des ressentiments. La modération est comme une condition de leur nature. Aussi je m'explique difficilement la part que prit M. Molé à ce déplorable procès du maréchal Ney. Comment le noble pair, qui connaissait par expérience l'irrésistible ascendant que Napoléon exerçait sur tout ce qui l'approchait, a-t-il pu juger digne de mort un vaillant soldat qui n'était pas même une tête politique, et qui n'avait fait, après tout, que céder à une force d'attraction plus puissante que lui?

Les paroles cruelles du duc de Richelieu, demandant la tête de Ney au nom de l'Europe, ont fait croire à plusieurs que l'influence étrangère était la cause principale de la mort du maréchal ; on s'en est pris à Wellington, aux ministres, au roi, aux pairs, et on a complétement laissé de côté la Chambre des Députés de 1815. Il suffit de lire le *Moniteur* pour voir quelle large part de responsabilité doit être attribuée à la majorité royaliste dans les réactions de cette triste époque. On ne saurait se faire une idée de la violence de langage de tous ces hobereaux de province sortis de leur manoir, la haine et la vengeance au cœur, furieux ceux-ci des misères d'un long exil, ceux-là des humiliations d'une longue obscurité, ivres de leur triomphe et toujours prêts à accuser les ministres de complicité avec les jacobins et

Bonaparte, ce qui ne fait qu'un dans leur esprit. Après l'évasion de Lavalette, il y a un de ces députés, dont il est inutile d'écrire le nom, qui se lève et demande qu'on mette en accusation le garde-des-sceaux, coupable, dit-il, d'avoir favorisé les *espérances* de Mme de Lavalette pour obtenir du roi la grâce de son mari.

Quelle horrible chose que la peine de mort en matière politique! Ressuscitez donc par la pensée tous ceux que nous avons décapités et fusillés pendant un demi-siècle au nom et en vertu de principes contraires; de tous ces hommes morts de la mort des criminels, à part quelques tueurs immondes et gorgés de sang, qui n'ont fait que subir la peine du talion, il n'en est pas un qui ne vécût aujourd'hui estimé, honoré; et voilà la justice humaine! A ce propos, bien qu'il soit de notre temps expressément défendu de louer les rois, même quand ils le méritent, je ne puis m'empêcher de rappeler ici en passant que Louis-Philippe n'a jamais signé un arrêt de mort pour délit politique. La postérité s'en souviendra.

Je serais in[juste envers] M. Molé si j'oubliais de dire qu'[il a v]oté [la] mort de Ney avec toute la Chambre, moins douze voix qui votèrent pour la déportation, il intercéda vivement auprès de M. de Richelieu pour obtenir la grâce du condamné. Les Mémoires de Lavalette font foi de ses louables efforts pour sauver les autres victimes de la réaction.

Au mois d'août 1817, il fut appelé à remplacer le maréchal Gouvion Saint-Cyr au ministère de la marine. Le 31 mars de la même année, il exposa les motifs d'une loi contre la traite des nègres ; il présenta un projet de loi sur la presse, et fut remplacé à la fin de la session ; en 1820, après la chute du ministère Decazes, il se range dans l'opposition constitutionnelle. La Chambre des Pairs venait de se constituer en cour de justice pour juger l'attentat de Louvel ; M. Molé s'oppose au projet d'Adresse au roi, en disant :

« Les fonctions de juge que la Chambre est appelée à remplir dans cette circonstance ne lui permettent plus de porter aux pieds du trône que l'expression de sa profonde douleur et l'assurance du calme qu'elle apportera dans l'exercice des fonctions qui lui sont déférées. »

En arrivant au pouvoir, le ministère Villèle trouva dans la Chambre des Pairs M. Molé au nombre de ses plus redoutables adversaires, lorsqu'en février 1822 ce ministère commença son travail de contre-révolution par la présentation de la loi de *tendance* et de la loi sur les journaux. M. Molé prononça contre les deux projets de loi un de ses plus beaux discours, dont la conclusion surtout, invoquant, en faveur de la publicité, l'opinion fort INATTENDUE de Napoléon, fit une grande sensation.

« La publicité, disait l'illustre pair, que ces deux lois tendent à supprimer entièrement, tout en ne pensant qu'à la restreindre, n'est pas, comme on l'a dit, un des moyens du gouvernement représentatif; elle en est au contraire le but; toutes les institutions ont pour objet direct ou indirect de la garantir : elle est le premier besoin des siècles éclairés, parce qu'elle rend inévitable à la longue le triomphe de la justice et de la vérité. »

Attribuant ensuite tous les malheurs et toutes les crises de la Révolution à la compression de la publicité, M. Molé ajoutait tout à coup :

« Cet homme, dont les moindres paroles retentiront encore longtemps dans cet univers tout sillonné de sa gloire, me disait, en partant pour cette campagne où il succomba, après avoir épuisé tous les efforts de son génie et de son indomptable armée : Après moi, la Révolution, ou plutôt les idées qui l'ont faite, reprendront leur cours ; ce sera comme un livre dont on ôtera le signet, en reprenant la lecture à la page où on l'avait laissée. Si des mains habiles ne creusent alors un lit profond au torrent, il le creusera lui-même, en se couvrant encore des plus déplorables débris. »

Ces combats en faveur de la liberté, souvent rehaussés d'allusions et de souvenirs de gloire chers à la France, M. Molé les continua sans relâche jusqu'à la fin du ministère Villèle ; il les interrompit un instant sous le ministère Martignac, se prépara à les recommencer sous le ministère Polignac, et il y gagna une popularité assez grande pour que, le lendemain de la révolution de Juillet, il partageât, dit-on, avec M. de Chateaubriand l'honneur d'être porté en triomphe, par des jeunes gens, à la Chambre des Pairs. La gloire de l'un de ces deux triomphateurs a fait un peu oublier le triomphe de l'autre, et M. Molé a eu le bon goût de ne pas trop s'en souvenir.

Après l'établissement de la monarchie du 7 août, il y avait deux systèmes en présence : la guerre et la paix. Les partisans de la guerre pensaient que la France devait profiter de l'élan de Juillet et des sympathies des peuples, pour déchirer les traités de 1815 et reconquérir par la force ce que la force lui avait enlevé. Tous les hommes d'État pratiques, M. de Talleyrand en tête, jugèrent autrement la situation ; ils virent l'Europe armant de toutes parts, prête à se coaliser de nouveau contre nous, et à venir éteindre, comme disaient en 1815 les proclamations prussiennes, *cet éternel foyer de troubles et d'insurrections.* — Lequel des deux systèmes était le meilleur ? je ne sais. Toujours est-il que les chances de la guerre étaient terribles avec la faiblesse numérique de nos soldats, le délabrement de notre organisation militaire, les dépenses d'hommes que nécessitait la conquête récente d'Alger, la division des esprits et la perturbation générale apportée dans nos alliances. Le système de paix prévalut, mais sans bassesse. En même temps que M. de Talleyrand posait à Londres les bases d'une alliance entre les quatre principaux gouvernements constitutionnels de l'Europe, M. Molé, en acceptant le portefeuille du ministère des affaires étrangères et la mission difficile de faire reconnaître aux monarchies absolues le gouvernement de Juillet, commençait par tenir à ces dernières un langage calme, mais ferme et digne ; il déclarait à la Prusse, prête à envahir la

Belgique, au nom du traité de Vienne, que, si elle y mettait le pied, la France y entrerait sur-le-champ et défendrait l'indépendance de ce pays voisin et allié, au besoin contre toute l'Europe. C'était poser le principe de non-intervention dans des limites sagement entendues, c'est-à-dire en le restreignant aux cas où l'intérêt français serait engagé dans la question.

Le ministère du 11 août était composé de trop d'éléments hétérogènes pour pouvoir durer; il fut dissous après trois mois d'existence. M. Molé abandonna son portefeuille à M. Sébastiani, et rentra dans les rangs de l'opposition tout le temps que dura le ministère Laffitte; sous Casimir Périer il défendit l'hérédité de la pairie. Plus tard, lors du procès d'avril, M. Molé refusa de siéger comme juge, et fit partie de cette minorité qui voulait laisser aux accusés toute latitude quant à la défense.

Après la dissolution du ministère du 22 février sur la question d'Espagne, M. Molé fut chargé de former un cabinet conjointement avec M. Guizot, et le ministère du 6 septembre fut fondé. Le rejet de la loi de disjonction amena bientôt sa chute, et après de vaines tentatives de M. Guizot pour reconstituer le cabinet du 11 octobre avec M. Thiers, et de M. le maréchal Soult pour former un cabinet tiers-parti, le 15 avril 1837, M. Molé composa ce ministère qui a duré près de deux ans, et qui a subi de si rudes attaques. Si plus tard un historien s'amuse (au cas où cela l'amuse, ce dont je doute) à parcourir le *Moniteur* de cette époque, peut-être sera-t-il étonné de ce déluge de récriminations soulevées contre le ministère Molé. Quand il examinera les actes de ce cabinet, quand il le verra donner l'amnistie, maintenir le principe de non-intervention en Espagne, retirer les lois de déportation et de non-révélation, commuer la peine de Meunier, conclure le traité de la Tafna, prendre Constantine, évacuer Ancône, s'emparer de Saint-Jean-d'Ulloa, présenter les premiers projets de loi sur les chemins de fer, admettre le droit de conversion des rentes en réservant la question de l'opportunité, etc., etc., etc.; quand l'historien verra tout cela, peut-être trouvera-t-il dans ce mélange de bien et de mal, où le bien domine, un suffisant motif de sympathie, et se dira-t-il qu'après tout ce minis-

tère ne valait ni plus ni moins que ses prédéces-
seurs. Mais alors, pourquoi toutes ces haines,
pourquoi toute cette rumeur? Pourquoi cette
masse de philippiques parlementaires? pourquoi
la coalition? Peut-être déjà le public, s'aperce-
vant que ce qu'on lui donne ne diffère pas no-
tablement de ce qu'il avait, s'est-il adressé
quelquefois la même question. Chercher le mot
de l'énigme n'est pas l'affaire d'un biographe.
Depuis Jean-Baptiste Rousseau, on a souvent
comparé la vie à un théâtre où chacun joue des
rôles différents. Les gouvernements constitutionnels sont aussi de grands théâtres qui ont leurs
coulisses comme les autres. Le spectacle le plus
curieux et le plus piquant ne se passe pas toujours
sur la scène. Quand le rideau est baissé, les acteurs se dépouillent de leurs oripeaux et déchaus-
sent leurs cothurnes; le masque tombe; l'homme
reste avec ses petites vanités, ses petites jalou-
sies, ses petits ressentiments, ses petites passions
de toutes sortes. Alors, en même temps et du
même pas que l'histoire publique, marche l'histoire intime, histoire singulière, compliquée, peu
édifiante, qui influe puissamment sur sa grave

sœur, et dont on cache les allures à la foule, comme Chevet cache aux gourmets les mystères de ses cuisines. Les acteurs qui veulent qu'on les prenne au sérieux, même dans les coulisses, à défaut de faits inventent des mots, de grands mots, *sesquipedalia verba;* la logomachie politique se déploie dans tout son luxe; là où il n'y a au fond que des questions de personnes on simule des questions de principes, on drape une bouderie de l'ample manteau d'un système; on va, on vient, on se remue, on s'agite, on annonce qu'on va tout changer, tout réformer, tout améliorer : le public bat des mains, l'acteur triomphe et

La montagne en travail enfante une souris.

Pour faire l'histoire complète des vicissitudes du ministère du 15 avril, il faudrait d'abord tracer le tableau des petites dissensions intestines qui agitèrent le ministère du 6 septembre : l'origine de la coalition est là. Entre M. Guizot et M. Molé, nul point de contact, nulle sympathie : l'un sévère, altier, constamment en garde contre les attaques des partis; l'autre modéré, oublieux du passé et désireux d'entrer dans une voie de conciliation; le premier s'efforçant d'arracher le

sceptre de la présidence à des mains taxées d'in-
décision et de mollesse ; le second se refusant à
subir une influence qu'il jugé fâcheuse et peu en
harmonie avec la situation. Enfin, après bien des
tiraillements, aigris par une polémique de journaux où l'on se traitait réciproquement d'une
manière fort peu courtoise, après que M. Guizot
eut vainement frappé à toutes les portes pour constituer un cabinet, après la fameuse et inutile en-
trevue avec M. Thiers, la victoire resta à M. Molé.

Dans les circonstances où le ministère du 15
avril se forma, il n'y avait pas d'autre combinai-
son possible. M. Guizot avait échoué dans toutes
ses démarches, et la majorité ne voulait pas de
M. Thiers avec l'intervention : cependant jamais
ministère ne fut plus dédaigneusement traité que
celui du 15 avril. M. Thiers, qui se réservait,
l'appelait un *en cas*, un *petit ministère*. Les doctrinaires et M. Guizot, dont l'amour-propre avait
été froissé de n'avoir pu former lui-même un cabinet, le taxaient hautement d'insuffisance et
d'incapacité. Le fait est qu'il y avait là des hommes laborieux, capables, zélés, comme MM. de
Salvandy, Bernard, Rosamel, Laplagne, mais pas

un seul improvisateur de tribune. M. Molé lui-
même, qui s'entend à conduire les affaires aussi
bien que qui que ce soit, n'a pas reçu cet heu-
reux don de la parole si nécessaire à un ministre
constitutionnel. Du reste, le programme du nouveau cabinet était digne de l'assentiment univer-
sel. Laissons parler M. Molé :

« Le ministère du 15 avril venait, dit-il, tenter la ré-
conciliation des partis ou plutôt le rapprochement de ces
nuances d'opinions qui ne s'étaient séparées que pour
des motifs où les convictions, les principes avaient trop
peu de part. L'amnistie ouvrit sa carrière ; de bons esprits
s'effrayèrent de ce grand acte, quelques mauvaises passions s'en applaudirent ; son préambule ne laissait aucun
doute sur les pensées qui l'avaient inspiré. Il fallait
néanmoins à la nouvelle administration le temps de se
faire connaître pour rendre aux bons la confiance et con-
fondre les espérances des méchants. Elle avait à prouver
qu'au lieu de rien céder par faiblesse elle agissait par système et se sentait assez forte pour ne rien redouter de
l'épreuve de tant de clémence. Les partis ne renoncent
que quand ils cessent de se croire les plus forts ; l'amnistie venait après des luttes glorieuses où ils avaient été
vaincus, et elle épargnait les amours-propres en leur
présentant l'oubli au lieu de pardon. Ses résultats dé-
concertèrent les adversaires du ministère et surpassèrent
l'attente de ses partisans. Les attentats, les émeutes politiques cessèrent d'attrister la France. Mais nos institutions
ne mettent pas seulement ceux qui gouvernent aux prises
avec les partis ; le conflit des ambitions peut leur susciter

plus d'embarras, plus d'obstacles que les partis eux-mêmes n'enfantent de périls. Le pays qui souffre, s'étonne alors que, sans dangers apparents, sans convulsions, sans violence, tant d'affaires languissent, tant d'intérêts soient compromis ; aisément il se trompe sur la source du mal, et momentanément du moins il peut arriver qu'il accuse ceux-là même que, mieux éclairé, il voudrait affermir (1). »

Après la première dissolution, dans la session de 1838, M. Molé espéra un instant trouver un point de ralliement entre les deux centres ; il s'aperçut bien vite que ce terrain lui échappait. La majorité l'aurait volontiers conservé lui personnellement, mais elle désirait qu'il s'adjoignît quelques noms pris parmi les influences parlementaires. M. Molé fit plusieurs tentatives auprès de M. Guizot et de M. Thiers ; elles furent repoussées, et alors il se résolut à lutter. On n'a pas oublié ces orageuses séances de la discussion de l'Adresse, où M. Berryer, M. Garnier-Pagès, M. Guizot et M. Thiers se relevaient à la tribune, n'accordant à l'ennemi ni trève ni repos. M. Molé eut de beaux moments. Quelqu'un, qui le connaît bien, me disait un jour, en parlant de lui : « Rien ne donne l'idée d'une femme spirituelle et ner-

(1) Voir le *Moniteur* du 25 février 1841. — *Éloge du général Bernard.*

veuse comme M. Molé. La lutte produit chez lui une sorte d'irritation fébrile qui double son énergie et l'élève quelquefois jusqu'à une véritable éloquence. » Ses répliques ne manquèrent ni de justesse ni d'à-propos. On se rappelle la fameuse citation de Tacite que M. Guizot lui jeta à la tête : « *Omnia serviliter pro dominatione.* » « J'accepte le mot de l'honorable orateur, répondit M. Molé ; je lui rappellerai seulement que ce n'est pas aux courtisans, mais bien aux ambitieux, que l'appliquait Tacite. » Les rieurs ne furent pas du côté de M. Guizot. C'est à la vue de cette lutte acharnée et inégale que M. de Lamartine, par un sentiment de générosité chevaleresque, de socialiste qu'il était se constitua soudain et accidentellement conservateur. Enfin M. Molé tomba ; que vouliez-vous qu'il fît contre tous ?...

Depuis, M. Molé est rentré à la Chambre des Pairs, où sa parole exerça toujours une haute influence. Dans cette atmosphère paisible, au milieu de ces hommes chez lesquels l'âge et l'expérience ont amorti le feu des passions, le noble pair était plus à l'aise, et ses lumières n'ont fait défaut à aucune question importante.

Cependant le souvenir de la coalition lui est resté sur le cœur, et sa tenue envers les trois ministères qui se sont succédé depuis a été celle d'un homme qui ne serait pas fâché de prendre sa revanche. Usant des procédés dont on avait usé envers lui, lorsqu'il a vu M. Guizot aux prises avec l'opinion soulevée tout entière contre le droit de visite, il a décliné sa part de responsabilité dans un traité à la préparation duquel il avait concouru, sinon par lui-même, au moins par son ambassadeur non désavoué. Le projet de loi contre les fortifications, contre lequel il a voté, a été pour lui une occasion de revenir sur les griefs de 1838, et de rapporter, comme il aime à le faire, toutes les difficultés de toutes les situations à l'erreur première et fondamentale de la coalition. La position incertaine et chancelante où s'est trouvé plusieurs fois le cabinet du 29 octobre, devant la Chambre des Députés, lui a fait souvent espérer qu'il allait reprendre la direction des affaires ; mais son espoir a toujours été déçu, quoique l'opinion publique, retournée de son côté, rendît probable un nouveau ministère Molé, recruté de quelques hommes du centre gauche.

M. Molé a été appelé, en 1840, à remplacer l'ancien archevêque de Paris, M. de Quélen, à l'Académie française.

Un dernier mot maintenant sur l'ensemble de cette physionomie politique. M. Molé n'a pas précisément ce qu'on appelle un système : c'est là un des griefs des doctrinaires contre lui. Il suit assez volontiers la méthode expérimentale. Il pense qu'à une époque où les croyances n'offrent pas une base assez solide pour qu'on puisse y asseoir un système, il est bon de s'occuper avant tout des intérêts du présent : c'est un homme de modération, d'ordre, et par dessus tout de conservation. Or la conservation n'est pas une doctrine ; c'est un sentiment : poussé trop loin, ce sentiment conduit droit à l'égoïsme, le vice le plus hideux et le plus commun de ce temps-ci. Tous les conservateurs ne se ressemblent pas ; il en est qui ont gâté le mot et la chose : ils y ont attaché l'idée d'une immobilité absolue qui soulève à bon droit l'irritation et le dédain. Ces gens-là ont une manière de défendre l'ordre qui vous dégoûterait de l'ordre. Tous leurs arguments sont à la hauteur de leur personne, c'est-à-dire petits, étroits, secs, mesquins. Parlez-leur d'instincts généreux à satisfaire, de forces inactives, et partant hostiles, à employer utilement, d'améliorations matérielles et morales à effectuer ; sur toute question, leur réponse est invariable : « Ce qui est, est bien ; » c'est-à-dire : « Tout est bien chez nous et autour de nous ; quant au reste, peu nous importe ! » Tel n'est pas M. Molé ; né avec un esprit foncièrement ennemi de l'innovation, nul n'a envisagé son époque d'un coup d'œil plus habile et plus sûr, et nul n'a mieux su, dans l'occasion, lui faire les concessions que comporte un progrès rationnel. La chose était d'autant plus facile à M. Molé qu'une longue suite des affaires lui a appris à connaître ce qu'il reste de ressorts à la machine sociale et ce qu'elle a perdu ; joignez à cela une grande aversion pour les formules et les idées arrêtées, une grande expérience des hommes, une politique vivant un peu au jour le jour comme le temps présent, pas de sympathies trop ardentes, et partant point d'antipathies trop prononcées, surtout pas de haines, et vous comprendrez pourquoi Napoléon, qui aimait avant tout les têtes gouvernementales, les hom-

mes de pratique et de labeur, estimait si haut
M. Molé.

Je disais que M. Molé n'avait pas ce qu'on appelle, à proprement parler, une idée fixe en politique ; je me trompe, il en a une, qu'il partage avec M. de Broglie, et c'est peut-être la seule, car ces deux hommes d'État ne s'aiment guère. Tous deux rêvent la reconstitution d'une aristocratie en France. Par le temps qui court de frénétique égalité, autant vaudrait chercher la quadrature du cercle.

Ajoutons, pour ceux qui trouveraient ce portrait trop flatté, que M. Molé n'est pas, dans notre pensée, l'idéal de l'homme d'État ; qu'il n'a pas cette faculté merveilleuse d'expliquer les affaires et cette promptitude de résolution qui distinguent si éminemment M. Thiers ; que, quand il s'agit de théories sociales, de grandes vues d'avenir et de hauts enseignements, il ne commande pas l'attention à l'égal de M. Guizot ; que ce n'est ni un financier consommé, ni un éloquent orateur, ni un profond publiciste ; que son esprit pratique, conciliateur, mais peut-être un peu sceptique, pourrait bien n'être pas à la hauteur d'une grande crise.

Mais ajoutons aussi, pour être juste, qu'en temps ordinaire, nul ne lui est supérieur pour ce qui est de la conduite des affaires, de l'esprit d'ordre et de suite, de l'entente parfaite de nos rapports internationaux, et que, par sa tenue, sa dignité, sa constante modération, nul ne mérita moins que lui l'espèce d'impopularité que la coalition parvint un instant à attacher à son nom.

Comme homme, M. Molé exerce, dit-on, sur tous ceux qui l'approchent, une puissance infinie de séduction ; sa tête est remarquablement belle ; la gravité de ses traits un peu anguleux est adoucie par le sourire le plus gracieux et le regard le plus bienveillant. Sa conversation est variée, charmante, et sa mémoire inépuisable. Ministre, il avait su se rendre très-populaire parmi le *vulgus* de la Chambre des Députés. Dans les embauchements de couloirs, il n'allait pas brusquement, comme M. Guizot ou M. Thiers, prendre un récalcitrant par l'habit et lui dire d'une voix lugubre, à propos d'une question de cabinet : La situation est grave, très-grave ! Votre vote va décider des destinées de la France, etc., etc., etc. Il s'y prenait plus adroitement et montrait moins la corde ;

il laissait parler son interlocuteur ; si c'était un général, il ne lui professait pas un cours de stratégie ; si c'était un professeur, il ne lui apprenait pas comment se font les versions grecques ; en un mot, il ne l'humiliait pas : il lui laissait sa spécialité et gardait la sienne, qui est de tout comprendre.

On lui a reproché d'être peu scrupuleux sur le choix des moyens en matière de gouvernement ; ainsi il subventionnait la presse ; aujourd'hui on l'achète : je conviens que c'est différent. Travailleur par goût, par goût aussi il est homme du monde ; de mauvaises langues prétendent qu'on pourrait composer une Iliade du genre léger avec ses succès de salon sous l'Empire. Quoi qu'il en soit de ce malin propos, tous ceux qui connaissent M. Molé s'accordent à le présenter comme un homme du commerce le plus aimable, plein d'abandon dans l'intimité, grand seigneur de la tête aux pieds, et par le beau côté, c'est-à-dire affable, prévenant, point arrogant, point insolent, point infatué de son mérite comme sont souvent les parvenus.

En résumé, le plus bel éloge qu'on puisse faire

de M. Molé consiste à dire qu'il est peut-être l'esprit le plus modéré et en même temps le plus avancé du *parti conservateur* dont il est le chef.

SUPPLÉMENT A LA 3ᵉ ÉDITION.

On aurait pu croire que la révolution de Février, surprenant M. Molé à soixante-huit ans, après une laborieuse carrière, le déterminerait au repos. Cette grande secousse, loin de l'abattre, a produit sur lui l'effet d'un excitant. Déchu de sa qualité de pair de France, il s'est fait nommer représentant du peuple par le département de la Gironde, et s'il a paru rarement à la tribune, en revanche il a déployé l'ardeur et l'activité d'un jeune homme dans toutes les opérations qui ont eu pour but de réorganiser le parti conservateur. Il a été un des chefs les plus influents de la rue de Poitiers, et depuis que ce comité est dissous, M. Molé travaille encore avec plus de zèle que de succès à maintenir l'union entre les trois partis dont chacun voudrait supprimer la République à son profit.